HALLO ANNA

Olga Swerlowa

2

Deutsch für Kinder
Arbeitsbuch

Wydawnictwo LektorKlett
ul. Polska 114
60-401 Poznań
tel. 61 849 62 01
faks 61 849 62 02

ISBN 978-83-7715-445-8

Konzeption des Kurses: Olga Swerlowa, Beata Ćwikowska, Katarzyna Sroka, Daria Miedziejko
Redaktion: Daria Miedziejko

Illustrationen: Paweł Miedziński
Illustrationen auf Karton: Hubert Grajczak

Umschlaggestaltung: Blanka Tomaszewska
Layout und Satz: studioKO, Jerzy Nawrot

Fotos: © Umschlagfoto: Roger Jegg, Dreamstime.com
Olga Swerlowa, Vladimir Zverlov: 6 (1)
iStock: 5 (1-8); 63 (1-5); 71 (1-13)
Wydawnictwo LektorKlett: 16 (1-6); 26 (1-8); 36 (1-4); 46 (1-3); 56 (1-2); 66 (1-12); 76 (1-4); 87 (1-2)

Tonaufnahmen: Studio MM, Poznań

0939702

1 Woher kommen die Autos?
Verbinde die Städte mit den Kfz-Kennzeichen.

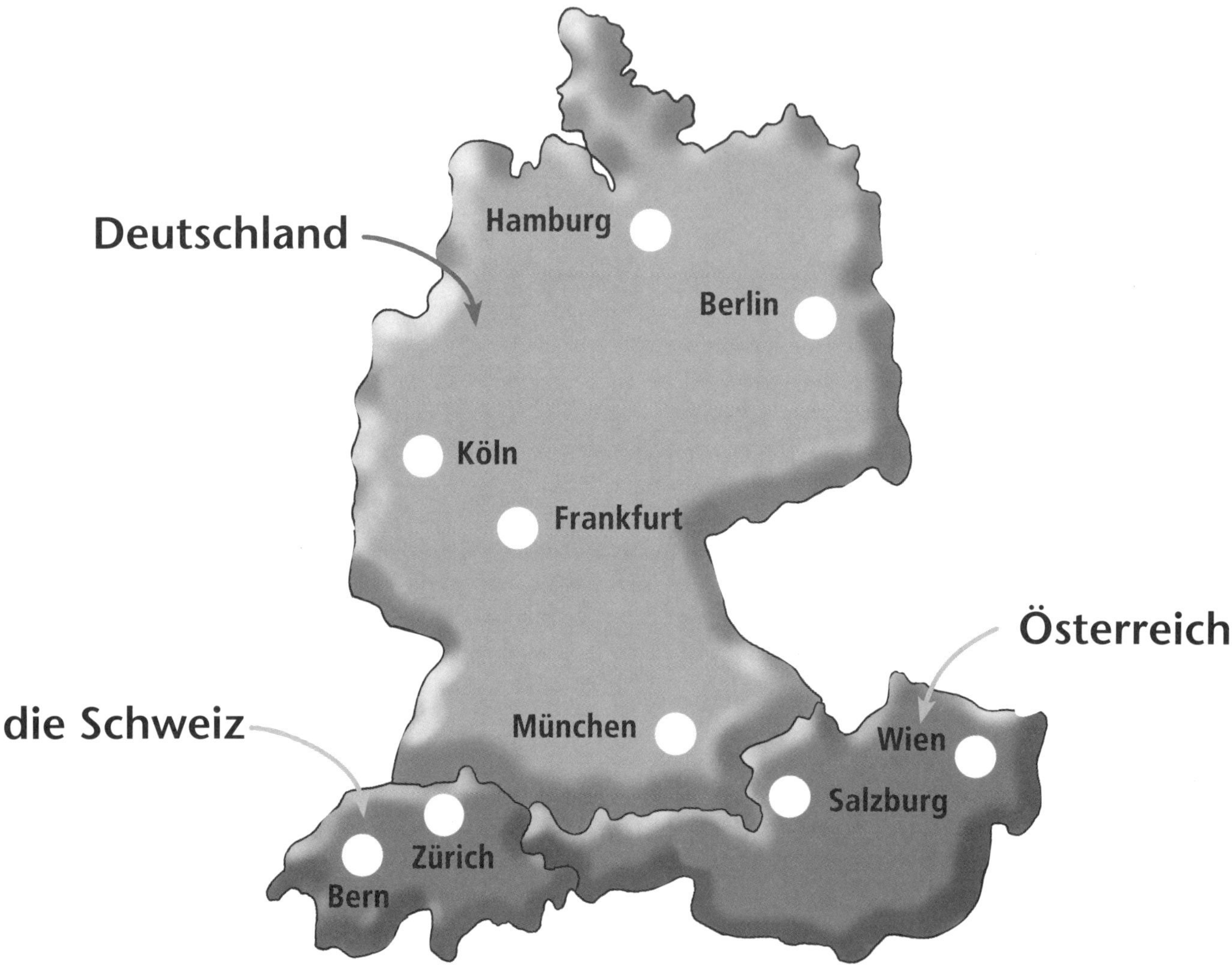

1

2

3

4

5

6

2 Welche Bilder passen zusammen? Wer macht was falsch?

Male die Schilder aus.

blau

blau

rot

rot

rot

grün

gelb

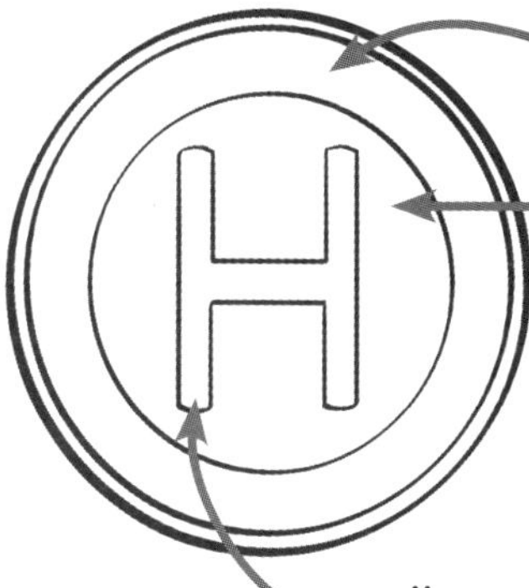

grün

3 Wer sagt was? Ordne zu.
(Für eine Replik gibt es kein Bild.)

Mmm! Lecker! • Nanu! • Tschüss! • Gewonnen! • Hurra! Juchu! • Danke! • Entschuldige. • Keine Lust!

Welches Bild fehlt? Male es.

4 Ordne die Gegenstände den Räumen zu und benenne sie.

In welchen Wörtern hörst du ein „l“ (z. B. Milch)? Umkreise die Zeichnungen rot.
In welchen Wörtern hörst du ein „a“ (z. B. Ball)? Umkreise die Zeichnungen grün.

1 Zeichne die passenden Gesichtsausdrücke.

Male dein Porträt. Antworte auf die Frage von Frau Kamm.

2 Klebe die richtige Antwort ein.

Schreibe den Satz auf.

Wie geht's dir?

3 Male die Sprechblasen, die zu derselben Situation gehören, jeweils in der gleichen Farbe aus.

Guck mal, Anna. Wer ist das?

Keine Ahnung. Ich weiß nicht.

Wie heißt du?

Sehr gut. Danke.

Hallo Tina. Wie geht's dir?

Ich heiße Grazia.

4 Trenne die Wörter und lies die Sätze vor.

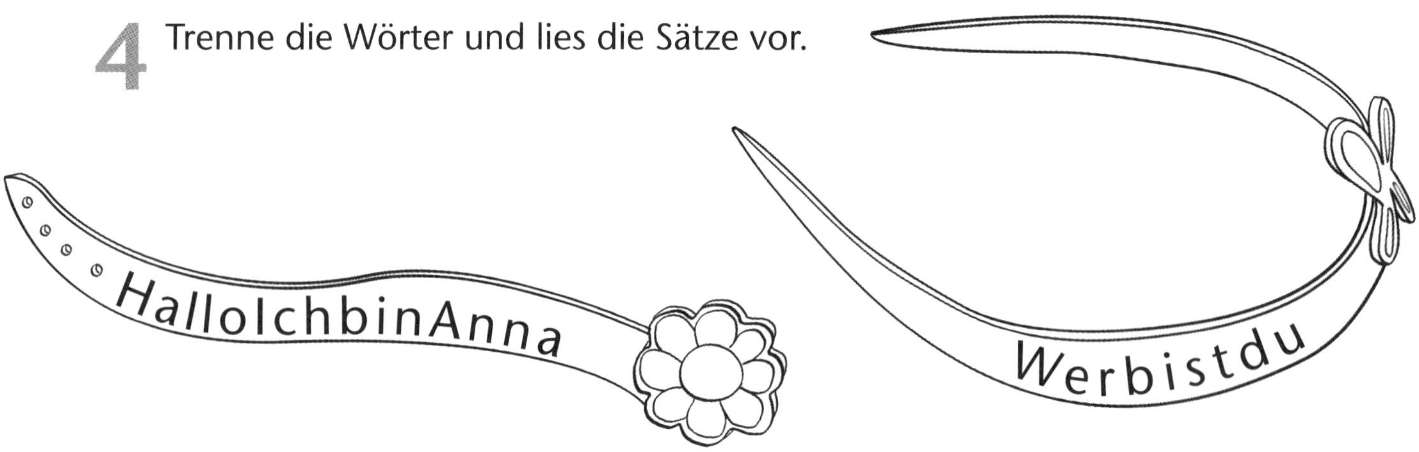

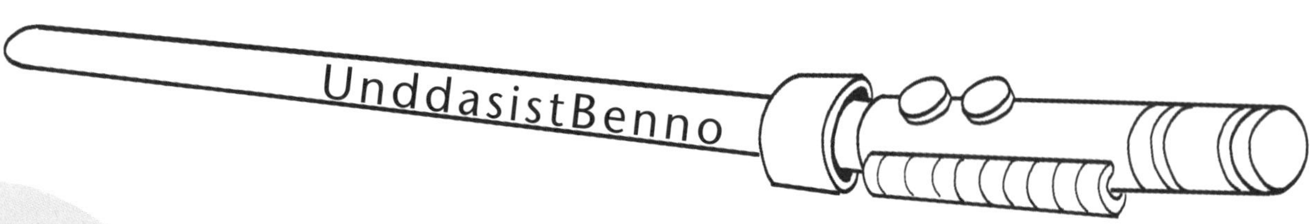

Setze die richtigen Satzzeichen (./?) ein.

5 Ordne die Namen den Spielsachen zu. Ergänze die Sätze.

Ich heiße ____________

Ich heiße ____________

Ich heiße ____________

Ich heiße ____________

Ich heiße ____________

6 Finde zehn Unterschiede.
Markiere sie farbig.

Was sagen die Kinder? Sage es auf Deutsch.

7 Wer hat welchen Spind? Ergänze die Sätze und lies sie vor.

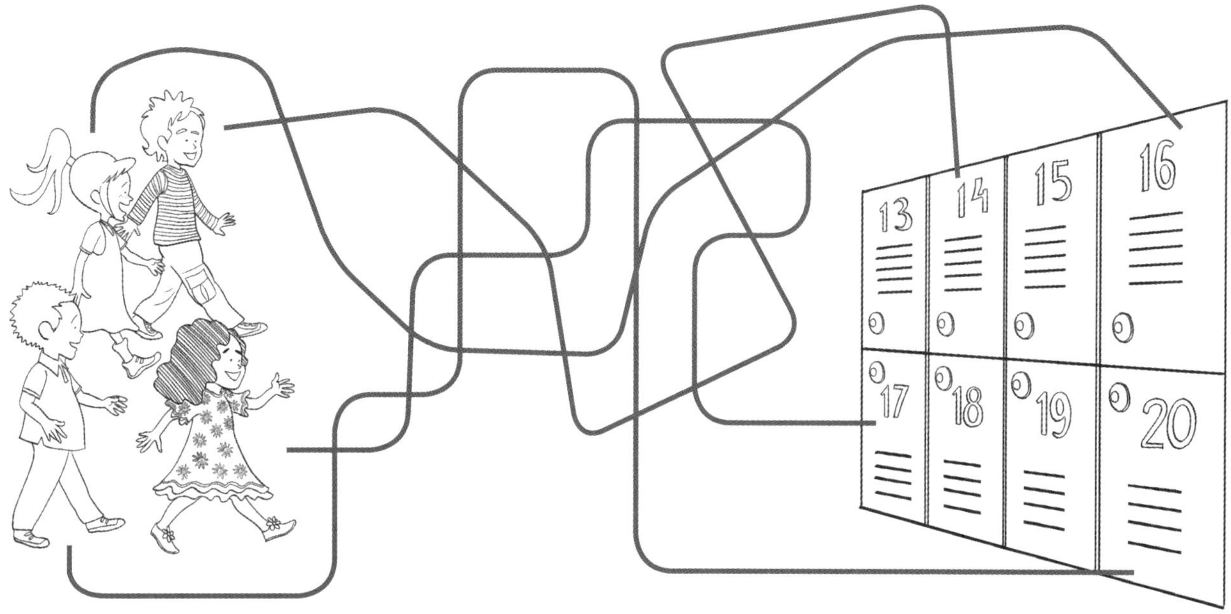

Benno hat die Nummer _______ Grazia hat die Nummer _______

Anna hat die Nummer _______ Fabian hat die Nummer _______

8 Welche Zahlen sind da, welche nicht? Ergänze die Sätze und lies sie vor.

1, ______________________________ sind da.

3, ______________________________ sind nicht da.

9 Anna, Benno und Grazia spielen in der Pause Bingo.
Hör zu. Wer hat gewonnen?

Hör noch einmal zu. Welche Zahlen nennt Benno? Markiere sie.

1 2 3 4 5 6 7 8 9 10

11 12 13 14 15 16 17 18 19 20

CD 1•18

10 Ordne die Sätze den Personen zu.

11 Ergänze die Lücken. Ein Wort ist zu viel.

heiße | Danke! | Kuchen | Toll!

Ich ______ Magdalene.

Mir geht's fantastisch. ______

Orangensaft und ______

12 Welches Wort aus dem Lied ist hier versteckt? Ergänze es.

~~Ki~~nder

Ba~~ll~~

DAS IST JA WU __ __ __ __ __ __ R!

Schwebender Ball

Für dieses Experiment brauchst du:
einen Tischtennisball, einen knickbaren Strohhalm und eine Schere.

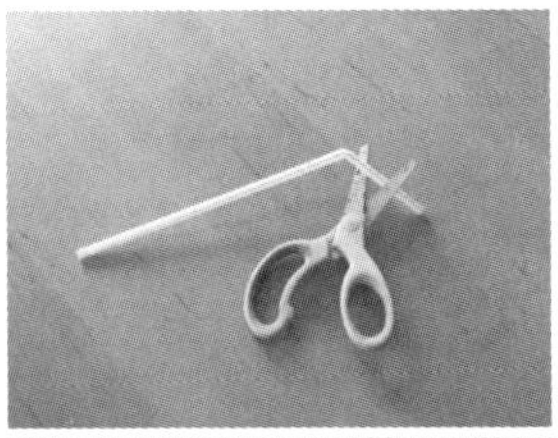

1 *Kürze den oberen Teil des Strohhalms auf eine Länge von 3 cm.*

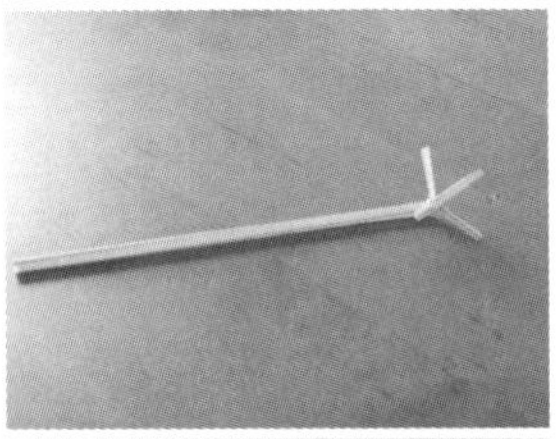

2 *Schneide den oberen Teil des Strohhalms an vier Stellen ein, so dass vier Streifen entstehen. Knick die Streifen nach außen.*

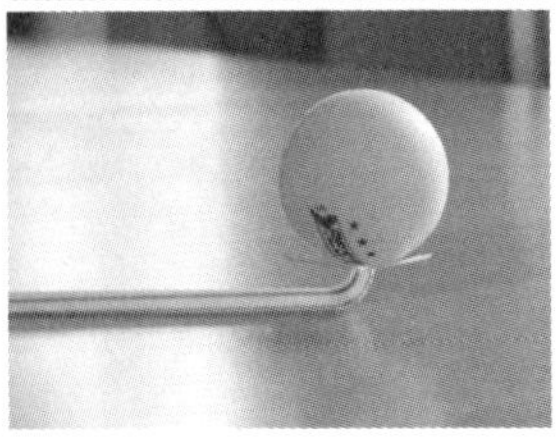

3 *Leg vorsichtig einen Tischtennisball auf diese vier Streifen.*

4 *Puste nun kräftig durch den Strohhalm Luft und lass zugleich den Tischtennisball los.*

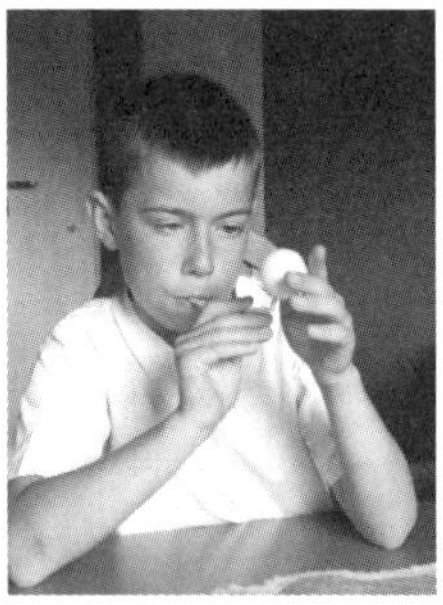

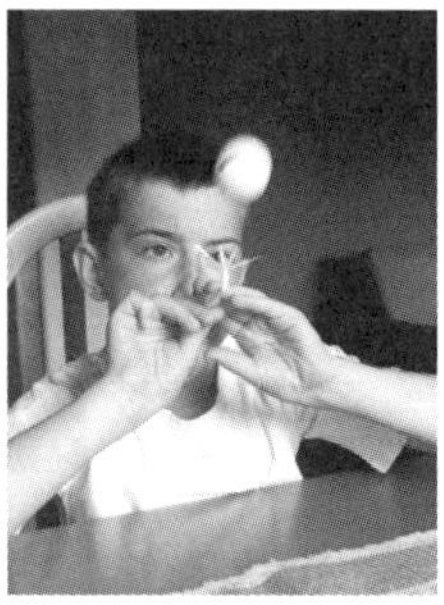

Nach ein paar Versuchen schaffst du es so, den Ball in der Luft zu halten!
Wenn alle Kinder diesen Trick beherrschen, könnt ihr einen Wettbewerb veranstalten. Ein Kind zählt auf Deutsch von 20 bis 0.

Zwanzig (20), neunzehn (19), achtzehn (18), siebzehn (17), sechzehn (16), fünfzehn (15), vierzehn (14), dreizehn (13), zwölf (12), elf (11), zehn (10), neun (9), acht (8), sieben (7), sechs (6), fünf (5), vier (4), drei (3), zwei (2), eins (1)!

Das Kind hört auf zu zählen, sobald es einem Kind gelingt, den Ball zum Schweben zu bringen. Die letzte Zahl entspricht den Punkten für das Kind, das diese Runde gewonnen hat. Wechselt euch ab und spielt so lange, bis jedes Kind einmal gezählt hat. Vergleicht eure Ergebnisse mit Hilfe des Lehrers.

Viel Spaß!

Das kann ich!

Schau dir die Bilder an und ergänze die Sprechblasen.
Hör die Aufnahme und überprüfe deine Lösung.
So fertigst du ein kleines Bilderwörterbuch.

1

________ ________

2

________ ________

________ ________

3 4 5

1 Klebe die Bilder und die Wörter ein.

			DOMINO	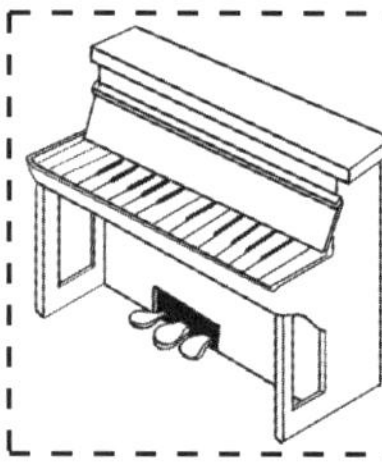	
	VERSTECKEN	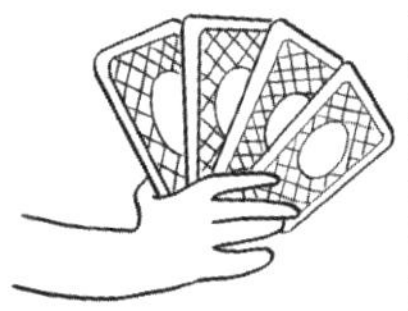			FANGEN
	FLÖTE				

2 Finde acht Spiele. Ergänze die Wörter.

3 Ergänze die Sätze.

Ich spiele gern ______________

Ich spiele gern ______________

Wir spielen gern ______________

Ich spiele gern ______________

Ich spiele gern ______________

4 Markiere farbig. Was spielst du draußen (grün)?
Was spielst du drinnen (blau)?

  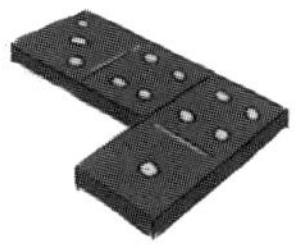   

Was spielst du gern? Ergänze den Satz.

Ich spiele gern ______________

5 Klebe die passenden Gegenstände ein und lies die Sätze vor.

6 Schneide die Unterschriften aus.
Klebe sie unter die passenden Bilder.

Ich male gern.	Ich spiele gern Computer.
Ich bastle gern.	Ich höre gern Musik.

7 Die kleinen Igel wollen Ball spielen.
Hör zu und nummeriere.

Schneide die Bilder aus. Klebe sie in der richtigen Reihenfolge wieder zusammen. Hör zu und kontrolliere deine Lösung.

Wir

toll!

Ball.

Einfach

spielen

gern

8 Im Ferienlager. Was sagen diese Personen?
Ordne die Sätze den Personen zu.

Wir singen gern.

Wir basteln gern.	Ich lese gern.	Ich spiele gern Gitarre.
Wir turnen gern.	Ich koche gern.	Ich spiele gern Computer.

Ein Satz bleibt übrig. Was machen die Kinder im Ferienlager nicht?
Antworte in deiner Muttersprache.

9 Machen die Märchenfiguren das *gern* oder *nicht gern*? Ergänze die Sätze.

Ich rechne gern.

Ich singe

Ich koche

Ich lerne

Ich schreibe

Ich turne

CD 1•31

10 Ordne die Bilder den Strophen zu.

Nein, nein, ich heiße Grazia.
Ja, ich heiße Grazia.

Nein, nein, ich mag Theater.
Ich spiele gern Theater.

Ja, ja, ich mache Sport.
Ich mag Musik.
Ich lerne gern Mathematik.

Ergänze das Bild zu der letzten Strophe. Zeichne die Gegenstände, von denen Grazia singt.

11 Was singt Grazia? Markiere. ☑

- Ich heiße Grazia. ☐
- Ich spiele Domino. ☐
- Ich spiele gern Theater. ☐
- Ich mache Sport. ☐
- Ich höre Musik. ☐
- Ich lerne gern Mathematik. ☐

Kartentrick

Für diesen Trick brauchst du nur ein Kartenspiel.

1 *Sieh dir unauffällig die unterste Karte des Stapels an und merk sie dir.*

2 *Fächere die Karten auf und lass einen Zuschauer eine Karte ziehen. Du darfst diese Karte nicht sehen.*

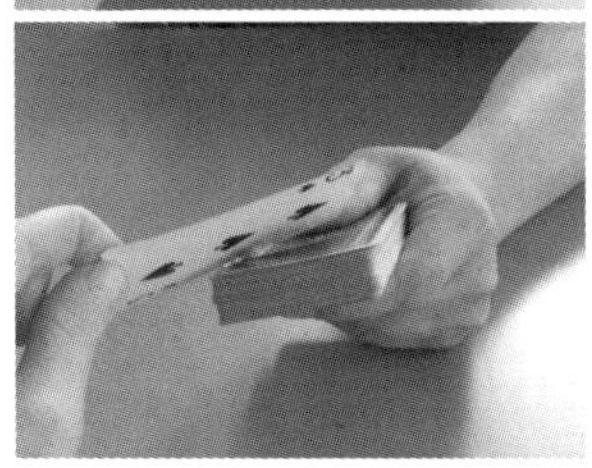

3 *Der mitspielende Zuschauer legt seine Karte nun auf den Stapel.*

4 *Hebe einmal ab, so dass die Zuschauerkarte nun unter der Leitkarte, die du dir gemerkt hast, liegt.*

5 *Lass den mitspielenden Zuschauer jetzt abheben.*

6 *Fächere die Spielkarten nun auf. Die Zuschauerkarte befindet sich direkt neben der Leitkarte, die du dir gemerkt hast!*

Übe diesen Trick mit deinen Klassenkameraden und überrasche dann deine Freunde und Familie mit deinem Zaubertrick!

Vergiss nicht den Zauberspruch:

Ich spiele gern Karten!
Na, glaubst du mir?
Und deine Karte ist hier!

Das kann ich!

Ich spiele ...

1

2

3

7

6

5

4

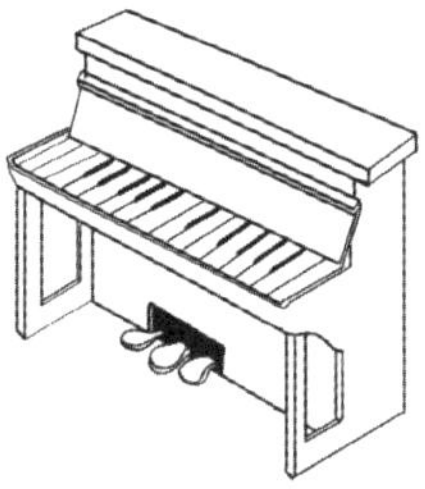

8

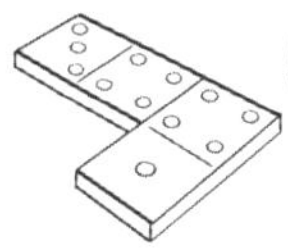

9

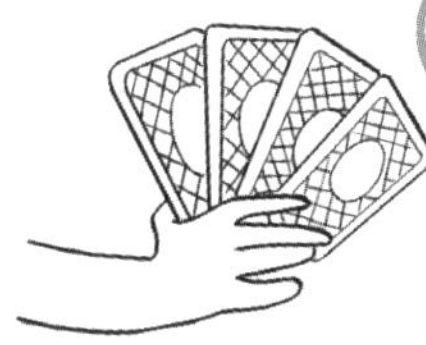

10

Ich fotografiere gern.

12

Ich ______

11

13

14

15

1 Klebe die Wörter und die Bilder ein.
(Die Anordnung der Bilder muss der Anordnung der Wörter entsprechen.)

		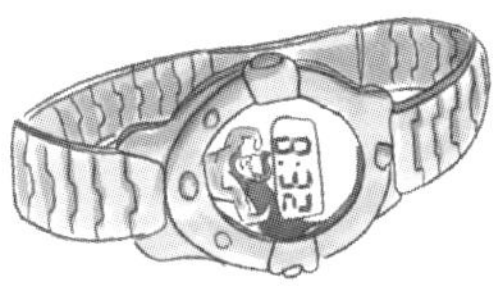

	die Maus	**das Auto**
das Puzzle	**die Puppe**	**der Teddy**
das Puppenhaus	**das Computer-spiel**	

2 Ergänze die Wörter.

der eddy

die hr

der all

das uto

das uzzle

die uppe

3 Benno und seine Mutter suchen ein Geschenk. Für wen?
Hör zu.

Hör noch einmal zu. Über welche Spielsachen sprechen Benno und seine Mutter? Markiere sie.

Was ist ein gutes Geschenk für Anna? Schreib drei Wörter.

die Maus das Buch das Puzzle das Auto das Spiel
die Puppe der Teddy der Ball die Uhr die Katze

4 Markiere das Wort und den dazugehörigen Gegenstand mit der gleichen Farbe.

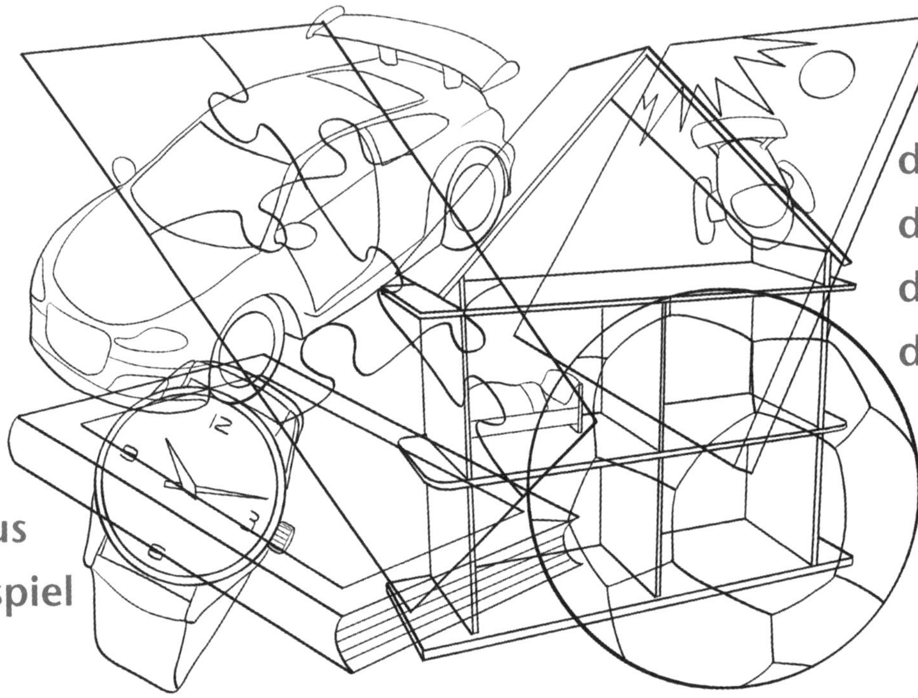

die Uhr
das Auto
der Ball
das Buch

das Puzzle
das Puppenhaus
das Computerspiel

5 Was ist im Karton? Rate mal und ergänze die Sätze.

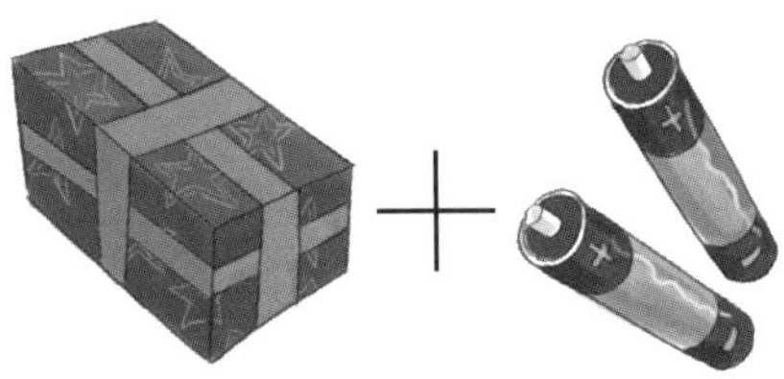
Das ist ein Auto

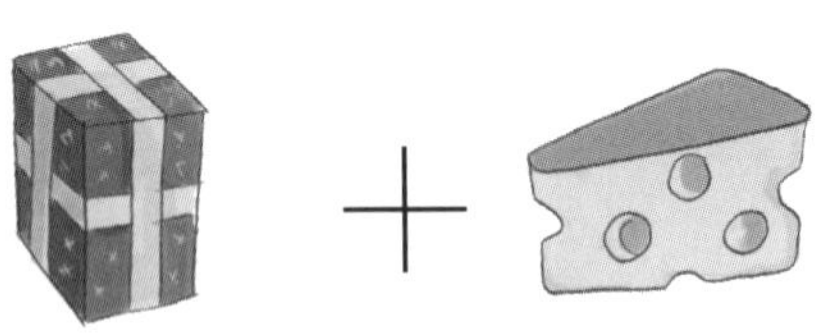
Das ist eine

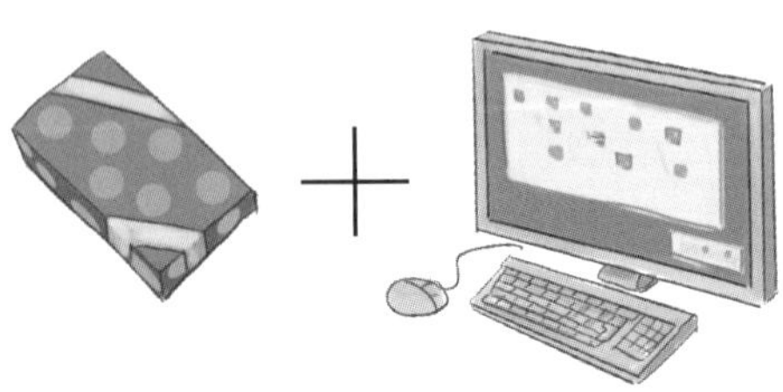
Das ist ein

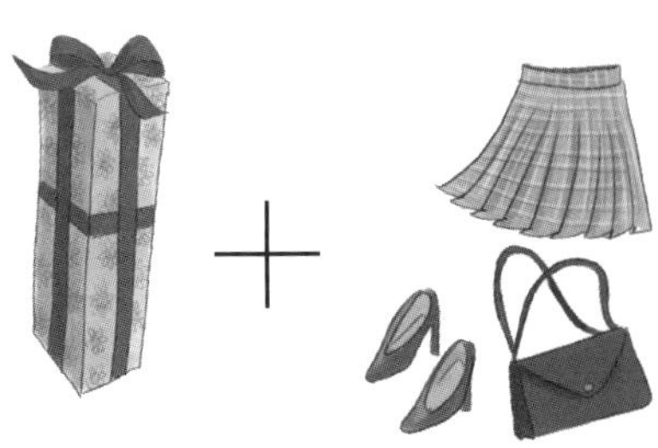
Das ist eine

6 Schreibe die Wörter in die Pyramide.

~~interessant~~ langweilig
wunderbar schlecht
klein nett alt

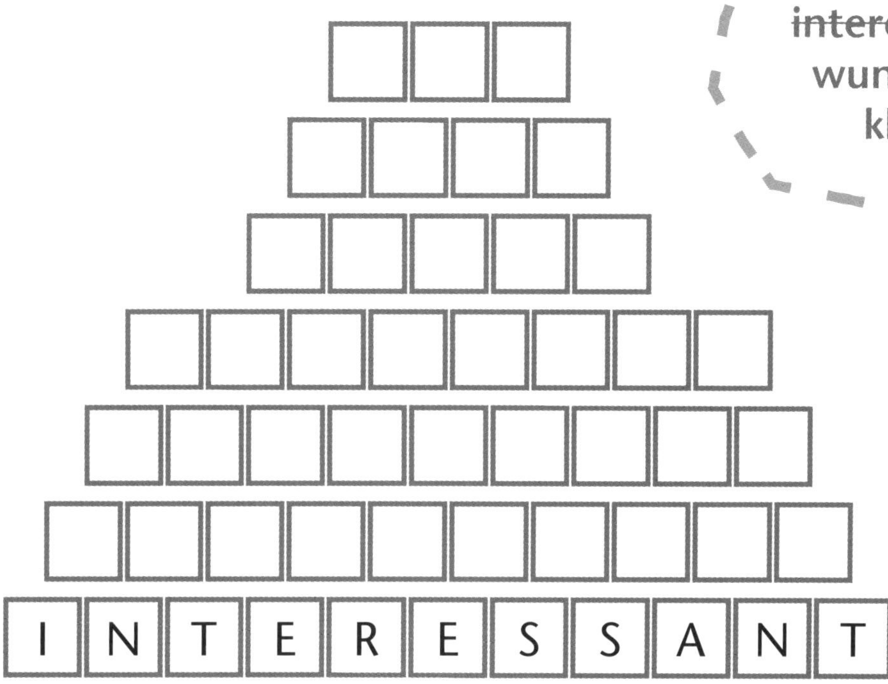

7 Was passt zusammen? Verbinde.

8 Schneide die Wörter aus.
Klebe sie so ein, dass sich Gegensätze bilden.

alt ≠

schlecht ≠

interessant

groß

neu

gut

langweilig ≠

klein ≠

9 Male die Flecken aus.

gelb **braun** **rot** **lila**

Zeichne die Geschenke nach den Texten in den Sprechblasen .

10 Bastle ein Buch. Klebe ein. Lies und ergänze es.

(Was heißt „das Seil"? Informiere dich darüber und zeichne es auf Seite 14 deines Buches.)

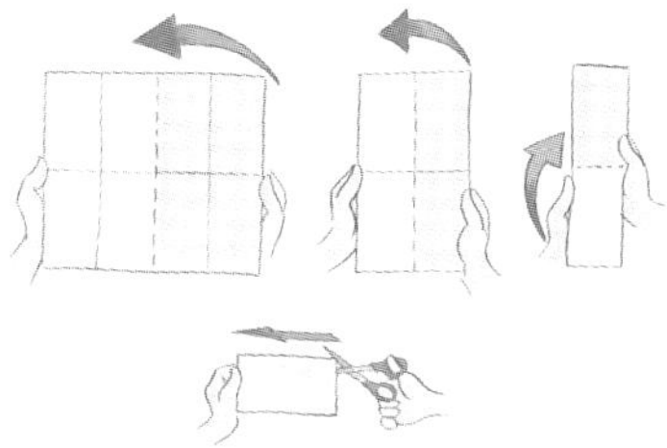

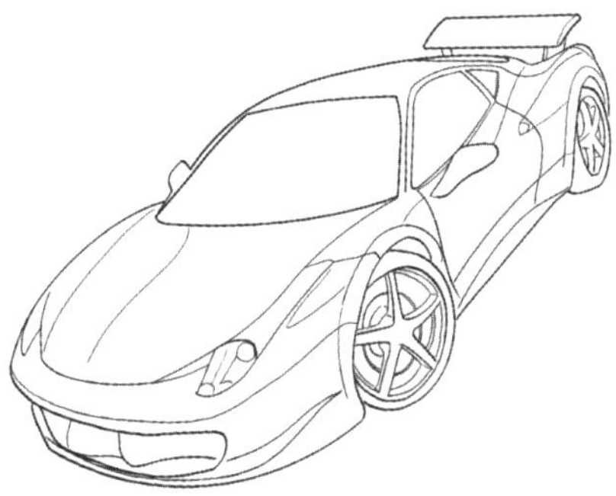

9

Das ist ein Computerspiel. Das Spiel ist neu.

11

3

Das ist ein Ball.
Der Ball ist groß.

14

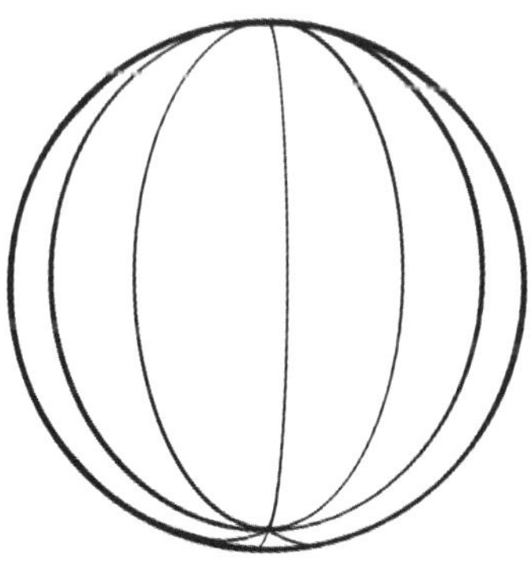

2

Das ist ein Seil.
Das Seil ist rot.

15

7

Das ist ein Auto.
Das Auto ist super.

10

12

Das ist eine Puppe.
Die Puppe ist schön.

5

13

Das ist eine Katze.
Die Katze ist nett.

4

Das ist ein Buch.
Das Buch ist interessant.

16

MEIN BUCH

1

9

Das ist ein Teddy.
Der Teddy ist braun.

8

11 Ordne die Sätze den Personen zu.

12 Hör zu und zähle die Wörter „Geschenk" und „Geschenke".

Kreise die richtige Zahl ein.

13 Ergänze die Sätze.

interessant **groß** **schön**

Die Uhr ist

Das Haus ist

Das Spiel ist

Märchenhafte Blumen

Für dieses Experiment brauchst du:
eine frische weiße Blume (am besten eine Rose oder Nelke), farbige Tinte, ein Glas oder eine Vase mit Wasser.

1 *Fülle die Tinte vorsichtig in das Wasserglas und stell dann die Blume in das Glas.*

2 *Warte ein paar Stunden ab. In der Zwischenzeit lernst du ein kleines Gedicht:*

Ich schenke dir Blumen:
Weiß, rosa und blau.
Ich mag dich, ich mag dich.
Das weißt du genau.

3 *Oh, deine Blume hat ihre Farbe geändert!*

Experimentiere mit unterschiedlichen Tintenfarben. So kannst du in Zukunft andere mit einem ungewöhnlichen Blumenstrauß überraschen!

Das kann ich!

1

Hier ____________
____

2

Was ____________
____

____

____

3

ein ____________
____

4

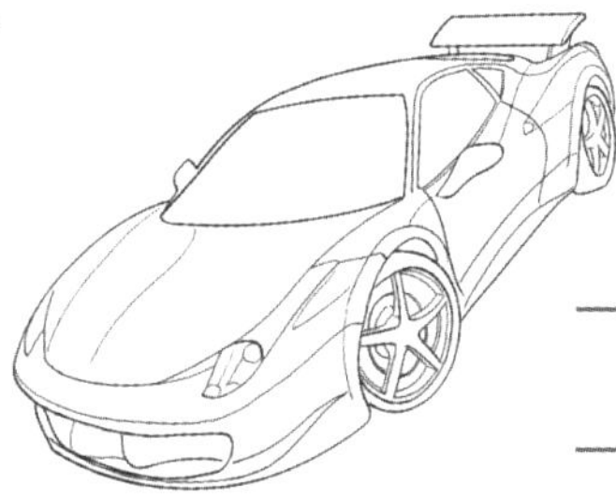

____
____

5

____
____

6

____
____

7

____
____

8

____
____

9

____
____

10

____
____

11

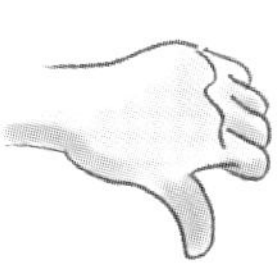

____
____

12

____
____

13

____
____

14

____
____

1 Wer hat was dabei? Klebe Aufkleber ein.
Lies die Sätze vor.

Ich kann tanzen.

Ich kann schwimmen.

Ich kann Rad fahren.

Ich kann jonglieren.

Ich kann Flöte spielen.

Ich kann backen.

Ich kann schnell laufen.

Ich kann Seil springen.

2 Kreise ein, was du kannst. Erzähle.

schwimmen

backen

tanzen

Seil springen

jonglieren

schnell laufen

Rad fahren

Flöte spielen

3 Verbinde die Puzzleteile und zeichne rechts dasselbe Muster.

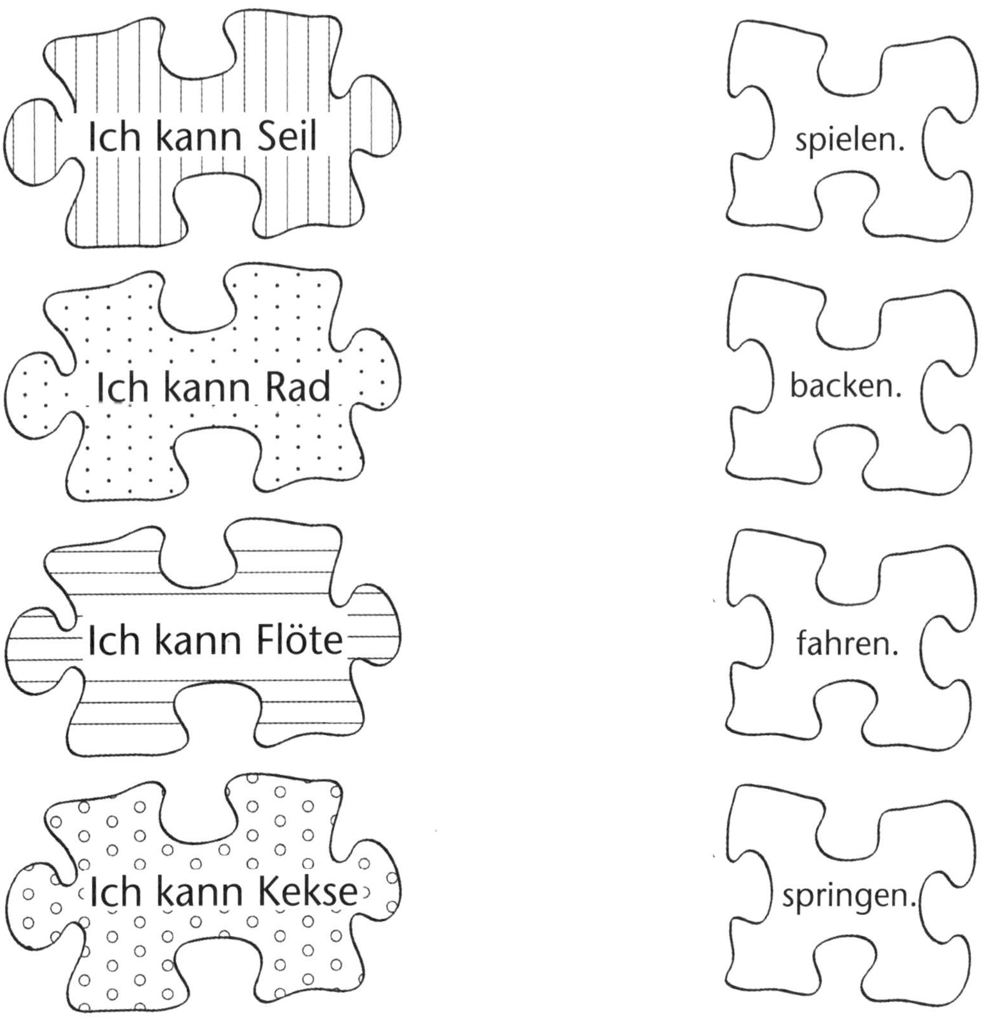

4 Die schöne Prinzessin heiratet. Vier Kandidaten halten um ihre Hand an. Wen wählt sie aus?

Hör den Text noch einmal. Welche Talente haben die Kandidaten? Klebe die Sätze ein.

Ich kann Flöte spielen.	Ich kann tanzen.
Ich kann skaten.	Ich kann singen.

5 Welches Verhalten ist richtig? Male das Bild aus und schreibe die Sätze auf.

Ich kann basteln.

Ich kann Fußball spielen.

6 Wer sagt was? Klebe Aufkleber ein.

7 Eine einsame Insel. Wer kann was? Verbinde die Fragen mit den Antworten.

8 Wer kann was? Schreibe Sätze.

Benno kann

9 Was kann Robo? Ordne die Sätze den Bildern zu.

1. Robo kann backen.
2. Robo kann Klavier spielen.
3. Robo kann kochen.
4. Robo kann rechnen.
5. Robo kann lesen.

10 Was können Annas Mitschüler? Erzähle.

Schreibe zwei Sätze in dein Heft.

11 Hör zu und nummeriere die Bilder.

Trage die Buchstaben ein.
Ergänze den Satz.

①	②	③	④	⑤	⑥	⑦
○	○	○	○	○	○	○

Grün ist gelb, eins ist zwei.

So ein Q_____________! Das kann nicht sein.

Unsichtbare Schrift

Für dieses Experiment brauchst du:
Zitronensaft, Papier, einen Pinsel (oder ein dünnes Stäbchen).

1 *Tauche den Pinsel oder das Stäbchen in den Zitronensaft.*

2 *Schreib eine Nachricht (oder dein deutsches Lieblingswort) auf das Blatt Papier.*

3 *Warte, bis das Papier getrocknet ist. Dann kann niemand mehr sehen, was auf dem Papier steht! In der Zwischenzeit lernst du einen Zauberspruch:*

Was hier war, das ist jetzt weg!
Das kann nicht sein! Das ist ein Trick.
Eins und zwei und drei und vier
Ich kann es sehen auf dem Papier!

4 *Bitte einen Erwachsenen darum, das Blatt Papier (z. B. mit einem Bügeleisen) zu erhitzen. Du sagst währenddessen den Zauberspruch auf.*

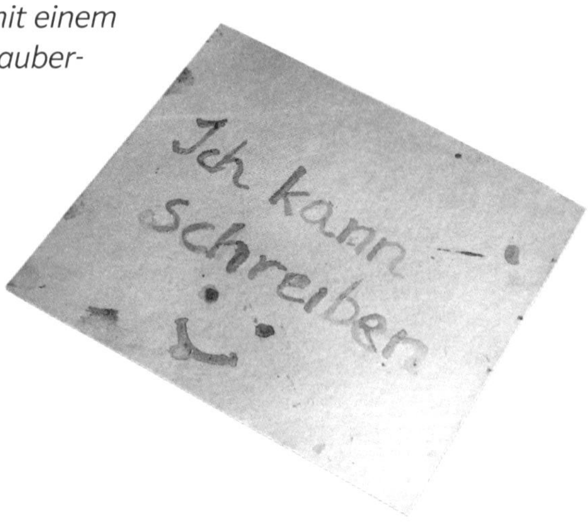

5 *Überraschung: auf dem Blatt Papier ist wieder die Schrift zu sehen!*

So kannst du Botschaften verschlüsseln oder mit anderen Kindern spielen und rätseln. Zeig deinen Freunden und deiner Familie, dass du ein echter Zauberkünstler bist!

Das kann ich!

1

2

3

4

5

6

7

8

5

1 Die Wochentage sind Brüder. Ordne sie nach der Größe.
Lies ihre Namen vor.

2 Wochenplan. Klebe die Wochentage in der richtigen
Reihenfolge ein.

3 Spiegelschrift: Schreibe die Wochentage auf.

Montag

Freitag

Sonntag

Dienstag

Donnerstag

Samstag

Welcher Tag fehlt? Ergänze.

Was ist dein Lieblingstag?

Mein Lieblingstag ist

4 Welcher Satz passt zu welchem Bild? Verbinde.

Was macht ihr am liebsten? Male aus.

5 Klebe die passenden Wörter ein. Dann schneide aus und spiele Domino.

Wir laufen
Schlittschuh.

Wir machen
_______________.

Wir spielen
_______________.

Wir bauen
_______________.

Wir laufen
Schi.

Wir rodeln.

einen
Schneemann.

Eishockey.

eine Schneeball-
schlacht.

6 Vergleiche die Texte mit dem Bild. Was stimmt nicht?
Markiere die „falschen" Stellen.

Anna und Benno machen eine Schneeballschlacht.

Tina und Lisa bauen einen Schneemann.

Lea und Anton spielen Eishockey.

Daniel und Fabian laufen Schi.

Sara und Grazia laufen Schlittschuh.

7 Welcher Satz passt zu dem Bild? Markiere ihn.

Ich will Schlittschuh laufen.

Ich will nicht Schlittschuh laufen.

Ich will rodeln.

Ich will nicht rodeln.

8 Der kleine Schneemann will jeden Tag spielen. Aber er ist immer allein. Hör zu. Wer will mit ihm spielen?

Hör noch einmal zu. Nummeriere die Bilder.

CD 2•9

9 Ordne die Bilder den Strophen zu. Ein Bild fehlt. Ergänze es.

Wir bauen einen Schneemann.
Hey, Leute, wer macht mit?

Wir spielen alle Eishockey
Und bleiben immer fit.

Wir lieben den Winter, wir spielen im Eis,
Wir rodeln zusammen und tanzen im Kreis.

Wir machen Schneeballschlachten.
Hey, Leute, wer macht mit?

Wir laufen auch Schlittschuh
Und bleiben immer fit.

10 Was willst du machen?
Wähle einen Satz aus und schreibe ihn auf.

Ich will Schi laufen.

Ich will rodeln.

Ich will im Eis spielen.

Ein Zapfen sagt, wie das Wetter ist

Für dieses Experiment brauchst du:
einen großen Kiefern- oder Fichten-Zapfen und einen Faden.

1 *Binde den Faden um den Zapfen.*

2 *Hänge den Zapfen auf den Balkon, die Terrasse oder befestige ihn (mit Hilfe eines Erwachsenen) außen am Fenster.*

3 *Lerne ein kleines Gedicht auswendig:*

Zauberzapfen und Zauberhut,
Die Schuppen nach oben – das Wetter wird gut!
Und wenn der Trick uns nicht gelingt,
Dann gibt es Regen, Schnee und Wind.

4 *Beobachte den Zapfen. Wie sieht der Zapfen aus, wenn die Sonne scheint? Und wie sieht er aus, wenn es regnet oder schneit?*

Von nun an kannst du das Wetter vorhersehen!

Viel Glück!

Das kann ich!

1

2

3

4

5

6

7

1 Ergänze die Bilder und die Wörter.

die Mau

das Kaninche

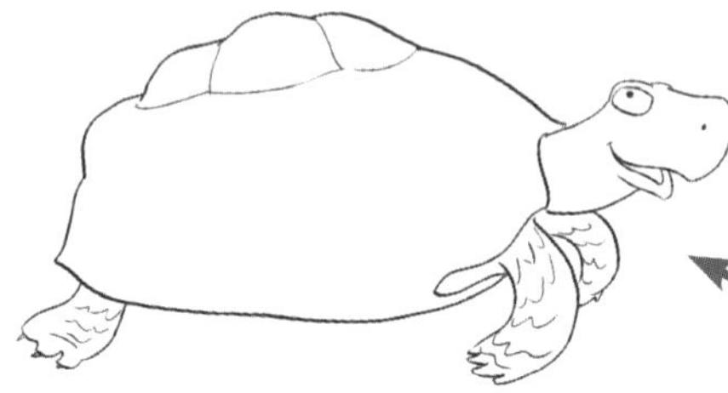

die childkröte

das eerschweinchen

2 Welche Tiere wohnen hier? Klebe die Tiere ein.
Schreib auf, wie sie heißen.

der

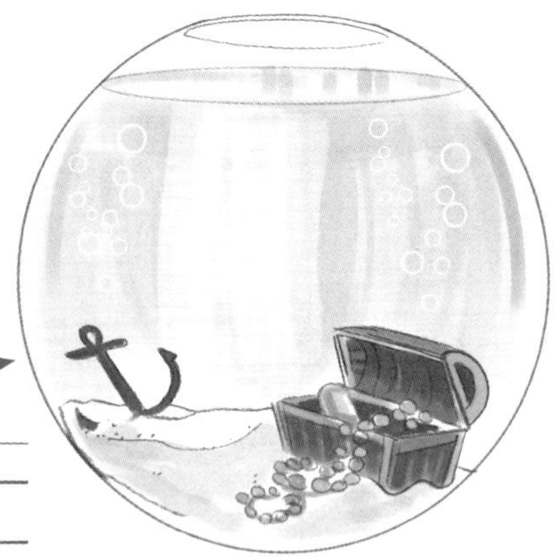

der

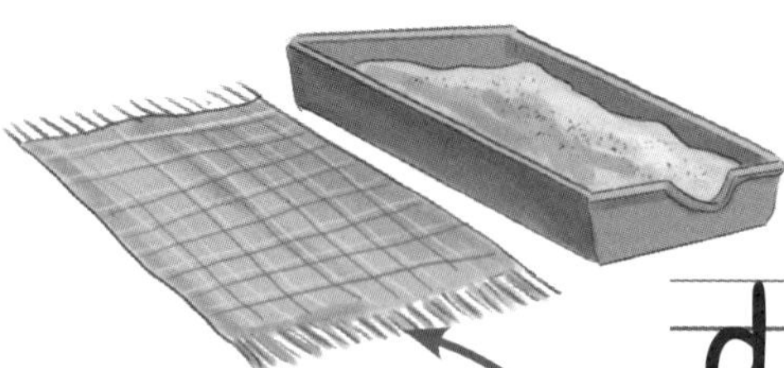

der

die

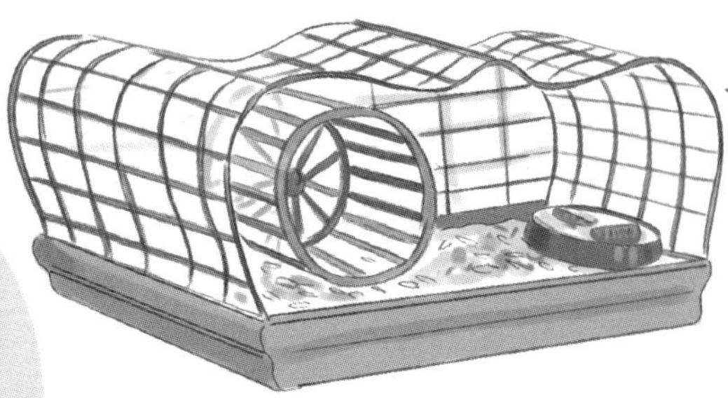

der

3 Welches Bild passt zu welchem Text? Trage die Bildnummern ein.

Auf Bild ____ sind der Hund, die Katze und das Kaninchen.

Auf Bild ____ sind der Papagei, der Hund, die Schildkröte und der Hamster.

Auf Bild ____ sind der Hund, das Kaninchen und die Maus.

Auf Bild ____ sind der Fisch, der Hamster, die Schildkröte und der Papagei.

4 Was sagen die Kinder? Schreibe die Wörter richtig und male zwei Tiere.

Ich habe eine (atKze) __________ .

Ich habe einen (geiPapa) ______________ .

Ich habe einen (amrsteH) _____________ .

Ich habe einen (udnH) __________.

Ich habe eine (kröSchildte) ______________ .

Ich habe einen (schFi) ________ .

5 Lies die Sätze und „korrigiere“ die Bilder.

Ich habe einen Hund, einen Papagei und eine Katze.

Ich habe einen Hamster, ein Kaninchen und eine Schildkröte.

Ich habe einen Hund, ein Kaninchen und eine Katze.

Ich habe eine Schildkröte, einen Fisch und einen Hamster.

6 Lies die Sätze. Welche zwei Bilder gehören jeweils zu einem Satz?

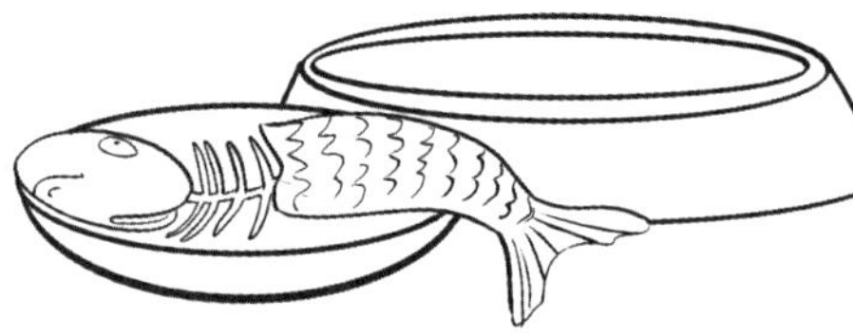

Meine Katze mag Milch und Fisch.

Mein Hund mag Schinken und Pizza.

Mein Hamster mag Salat und Tomaten.

Meine Schildkröte mag Bananen und Ananas.

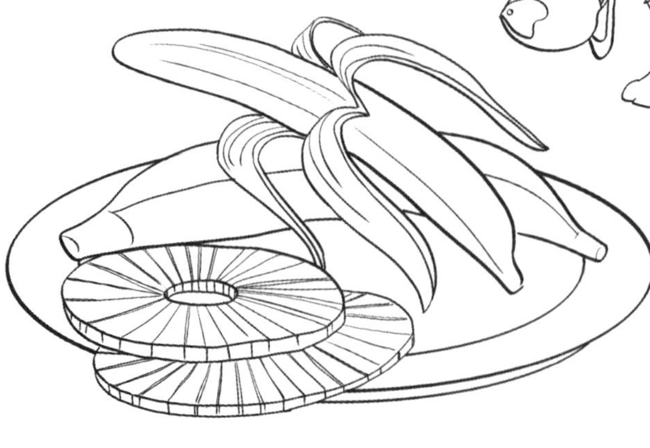

Wähle einen Satz und male die passenden zwei Bilder aus.

7 Wer kann das? Schneide die Satzergänzungen aus und klebe sie ein.

Der Hund

Der Papagei

Die Katze

Die Maus

Der Strauß

Schreibe einen Satz auf.

kann gut schwimmen. | kann schnell laufen.

kann spielen. | kann sprechen. | kann gut springen.

8 Hör zu und nummeriere die Bilder. Dann erfährst du, was Lollo mag.

B

A

E

N

N

N

A

1	2	3	4	5	6	7

Hör noch einmal zu und kontrolliere.

CD 2•21

9 Wem gehört welches Tier? Verbinde.

Matthias

Opa Karl-Heinz

Andrea

Tante Ulrike

Muhhhhh!

Adalbert

schwarz-weiß

Mieze

Siegesmund

Milch

Was passt zu welchem Tier? Verbinde.

Zaubertüte

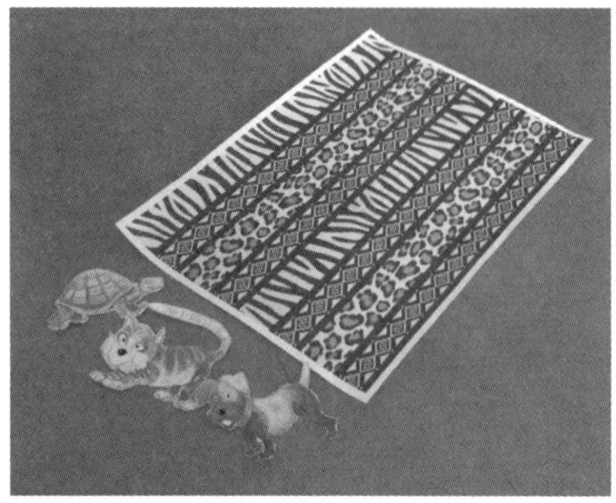

Für diesen Trick brauchst du:
Papier und aus Papier ausgeschnittene Tiere, deren Namen du schon kennst.

1 *Knick das Papier nach den Fotos, so dass eine Tasche mit zwei Öffnungen entsteht.*

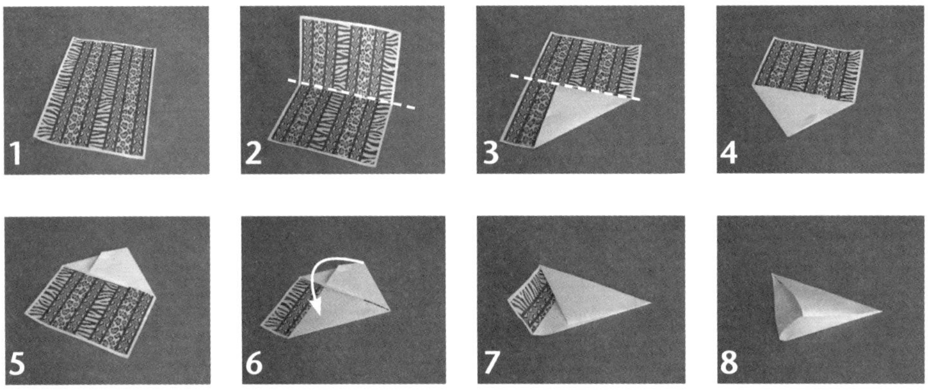

2 *Bitte eine andere Person darum, ein ausgeschnittenes Tier in die Tasche zu tun.*

3 *Dreh die Tasche schnell um und zeig der anderen Person die zweite Öffnung. Die Tasche ist leer und dein Zuschauer garantiert verblüfft!*

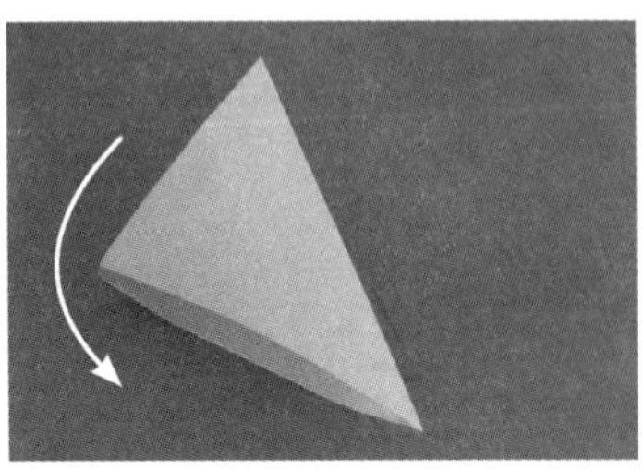

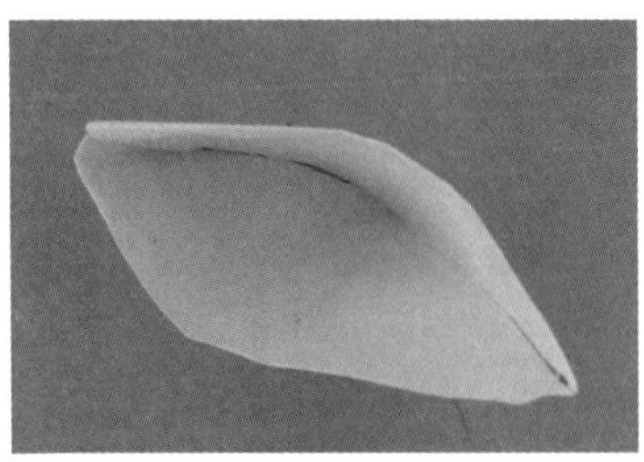

Einen noch besseren Effekt erzielst du, wenn du während des Tricks folgenden Zauberspruch aufsagst:

Hokuspokus, Fidimaus
Und mein Hund ist raus!

Denk dran, immer den Namen des Tieres zu sagen, das die andere Person in die Tasche getan hat.

Das kann ich!

1

Ich habe einen ____________________

____

____

____

2

die Katze

____

____

4

____

____

5

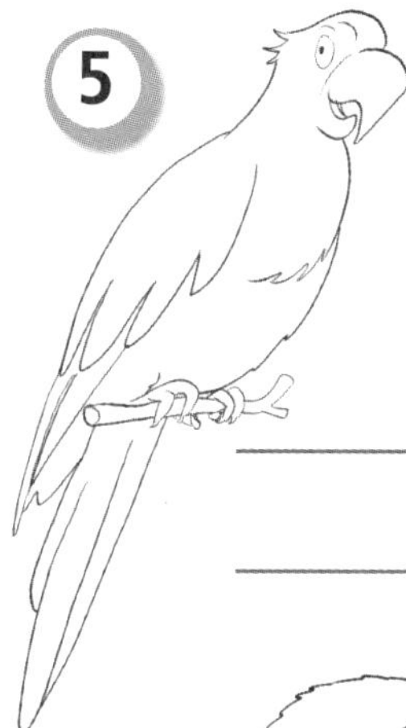

____

____

3

____

____

7

____

____

6

____

____

8

____

____

10

____

____

9

____

____

12

____

____

11

____

____

1 Was kauft Annas Mutter ein? Schreibe die Wörter auf.

2 Suche die Wörter und kreise sie farbig ein.

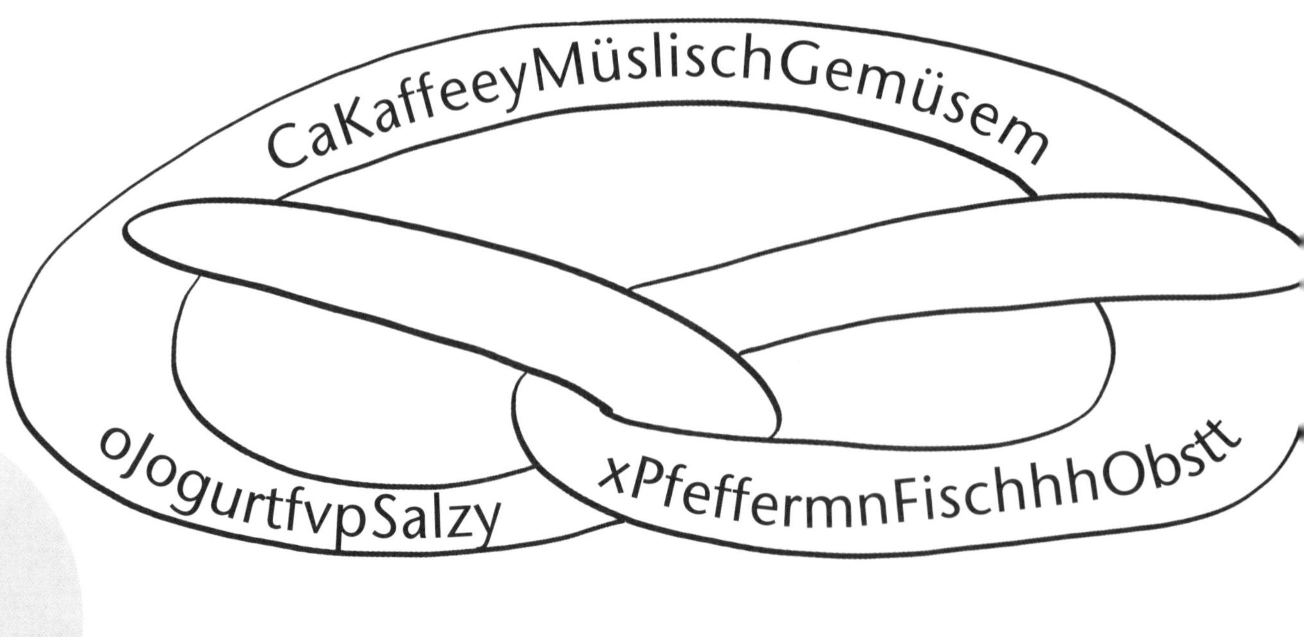

3 Klebe die Wörter in den richtigen Korb. In einem Korb fehlt etwas.
Ergänze die Zeichnung.

Ananas | Tomaten | Schokolade | Bananen | Salat | Marmelade | Honig | Spinat | Butter | Käse | Jogurt | Orangen

4 Benno kauft ein. Nummeriere die Bilder.

Was liegt im letzten Einkaufswagen? Schreibe die Wörter in dein Heft.

5 Wer möchte was? Ordne zu und ergänze die Sätze.

Ich möchte Salat mit Ei.

Ich möchte Pizza mit

__________ und __________

Ich möchte Jogurt mit

____

Ich möchte Tomatensaft mit

____

Ich möchte Brot mit

____

Ich möchte Müsli mit

____

6 Wer möchte was? Sortiere die Wörter.

Käsebrot • Pizza • Limo • Wurstsalat • Gemüse • Tee • Fisch • Apfelsaft • Jogurt • Tomatensaft • Schinkenbrot • Müsli • Kakao

7 Was schmeckt gut? Markiere mit „grün".
Was schmeckt nicht? Markiere mit „rot".

Jogurt mit Salz • Pizza mit Käse und Wurst • Müsli mit Pfeffer • Brot mit Butter • Schinkenbrot mit Marmelade • Eis mit Schokolade • Ananas mit Majonäse • Fisch mit Gemüse • Tee mit Tomaten • Kuchen mit Obst

Was ist dein Lieblingsgericht? Schreib auf.

8 Wer braucht was? Klebe die passenden Zutaten ein und beschrifte sie.

Tina macht einen Obstsalat mit Honig.

Anton macht ein Tomaten-Omelett.

Grazia macht ein Käsebrot.

9 Hör den Text. Was will Grazias Schwester kochen? Kann sie das?

Hör den Text noch einmal. Welche Zutaten hat Grazias Schwester? Markiere mit + oder –.

Wie können Grazia und Laura ihr Problem lösen? Sammelt in eurer Muttersprache Ideen.

CD 2•34

10 „Male“ dein eigenes Lied. Sing es.

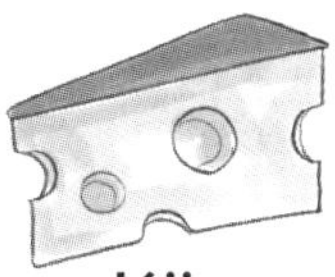 Käse  Schinken  Jogurt  Salat

Was möchtest du denn essen?

______________________ oder ______________________?

Ich möchte lieber ______________________.

Der ist ja super lecker!

Und der schmeckt wunderbar!

 Milchshake  Obstsaft  Kaffee  Kakao

Was möchtest du denn trinken?

______________________ oder ______________________?

Ich möchte lieber ______________________.

Der ist ja super lecker!

Und der schmeckt wunderbar!

7

Bilder aus Milch und Lebensmittelfarbe

Für dieses Experiment brauchst du:
etwas Milch, eine Schüssel, Lebensmittelfarben und ein Stäbchen.

1 *Gieße etwas Milch in die Schüssel, so dass der Boden bedeckt ist.*

2 *Streue vorsichtig verschiedene Lebensmittelfarben in die Schüssel.*

3 *Rühre die Milch mit den Lebensmittelfarben vorsichtig um und sag folgenden Reim auf:*

Rot, Blau, Grün – misch ich ins Weiß,
Erscheint ein Bild im Zauberkreis.

4 *Jetzt siehst du ein unnachahmliches Bild in der Schüssel!*

5 *Vielleicht hast du Lust das Bild auf Papier zu malen. So hast du ein tolles Andenken!*

Das kann ich!

1

2

3

4

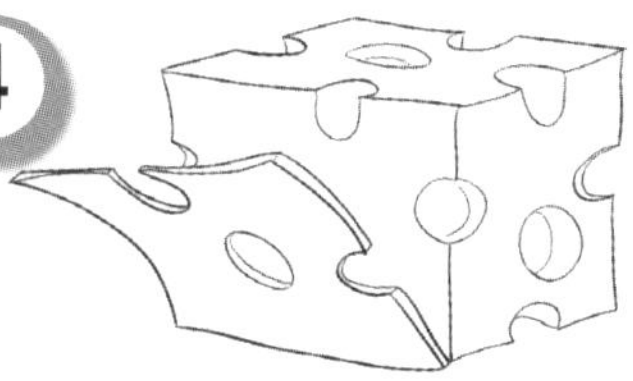

5

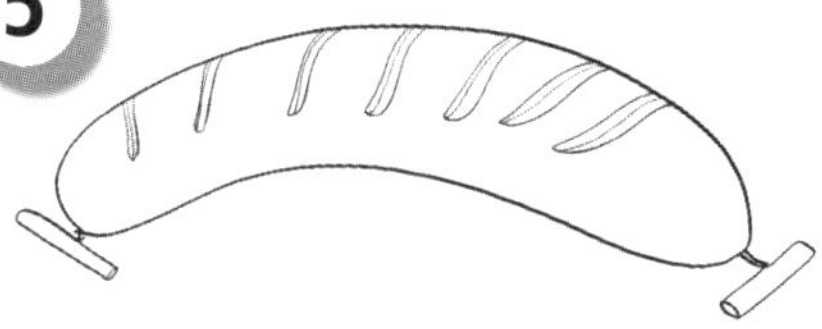

6

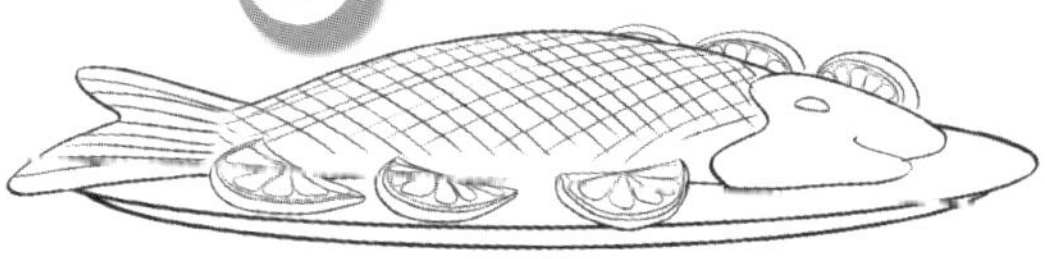

7

8

9

10

11

1 Wer geht wohin? Verbinde.

2 Ordne die Sätze den Personen zu.

A

B

C

G

1. Ich gehe in die Schule.
2. Ich gehe ins Schwimmbad.
3. Ich gehe in den Park.
4. Ich gehe in den Zoo.
5. Ich gehe in die Bibliothek.
6. Ich gehe nach Hause.

D

F

E

Ein Satz fehlt. Ergänze.

Ich gehe ______________________________

3 Wegweiser: Ergänze die Wörter.

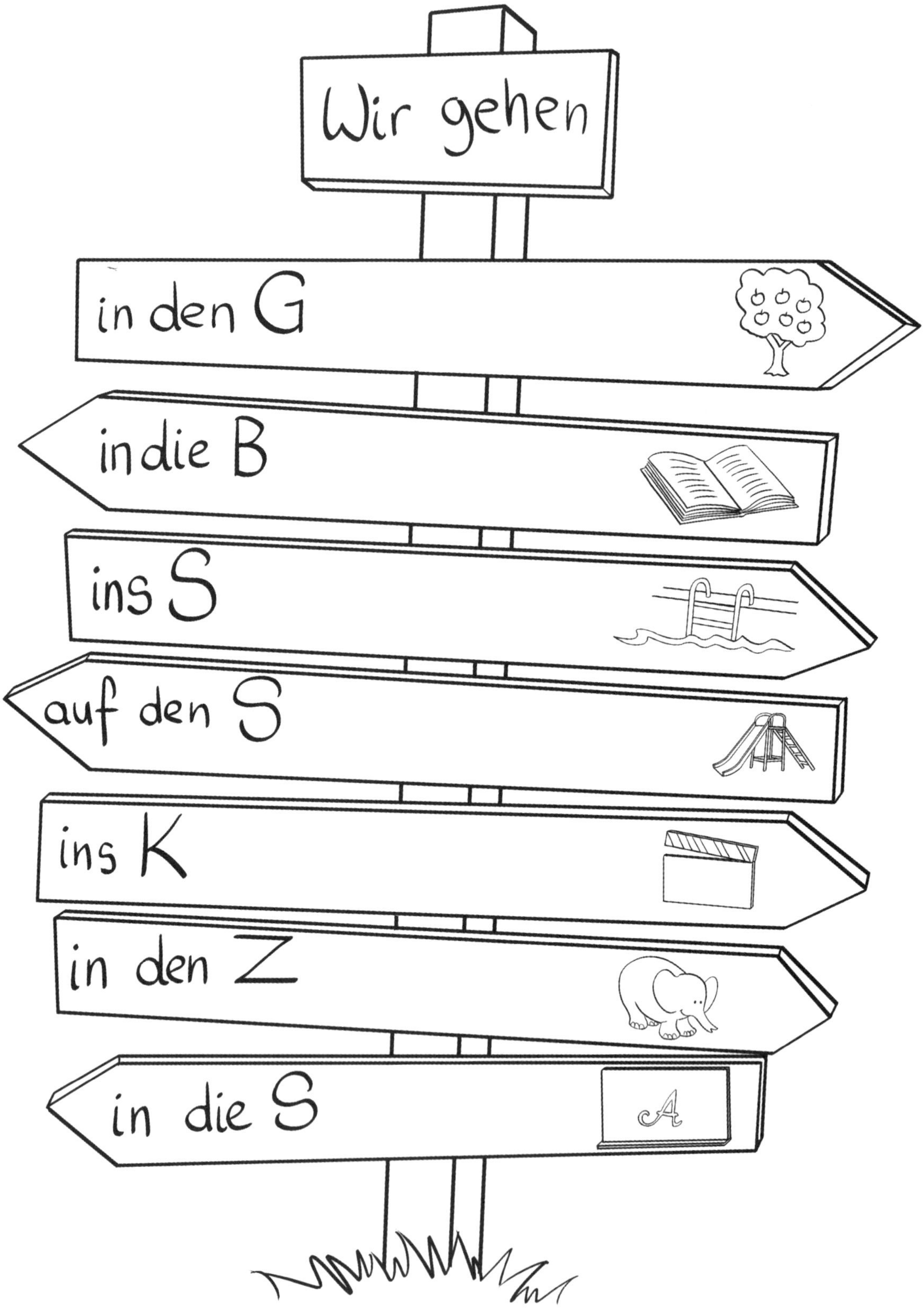

Schule • Zoo • Kino • Garten • Schwimmbad • Bibliothek • Spielplatz

4 Welche zwei Sätze passen jeweils zusammen?
Ordne zu und schreibe ein Satzpaar in dein Heft.

Ich möchte spielen.	Ich gehe auf den Spielplatz.
Ich möchte schwimmen.	Ich gehe in den Zoo.
Ich mag Filme.	Ich gehe in den Park.
Ich möchte spazieren gehen.	Ich gehe ins Schwimmbad.
Ich mag Tiere.	Ich gehe ins Kino.

5 Suche drei Sätze und markiere sie farbig. Schreibe einen Satz auf.

6 Wohin gehen die Personen? Addiere und erzähle.

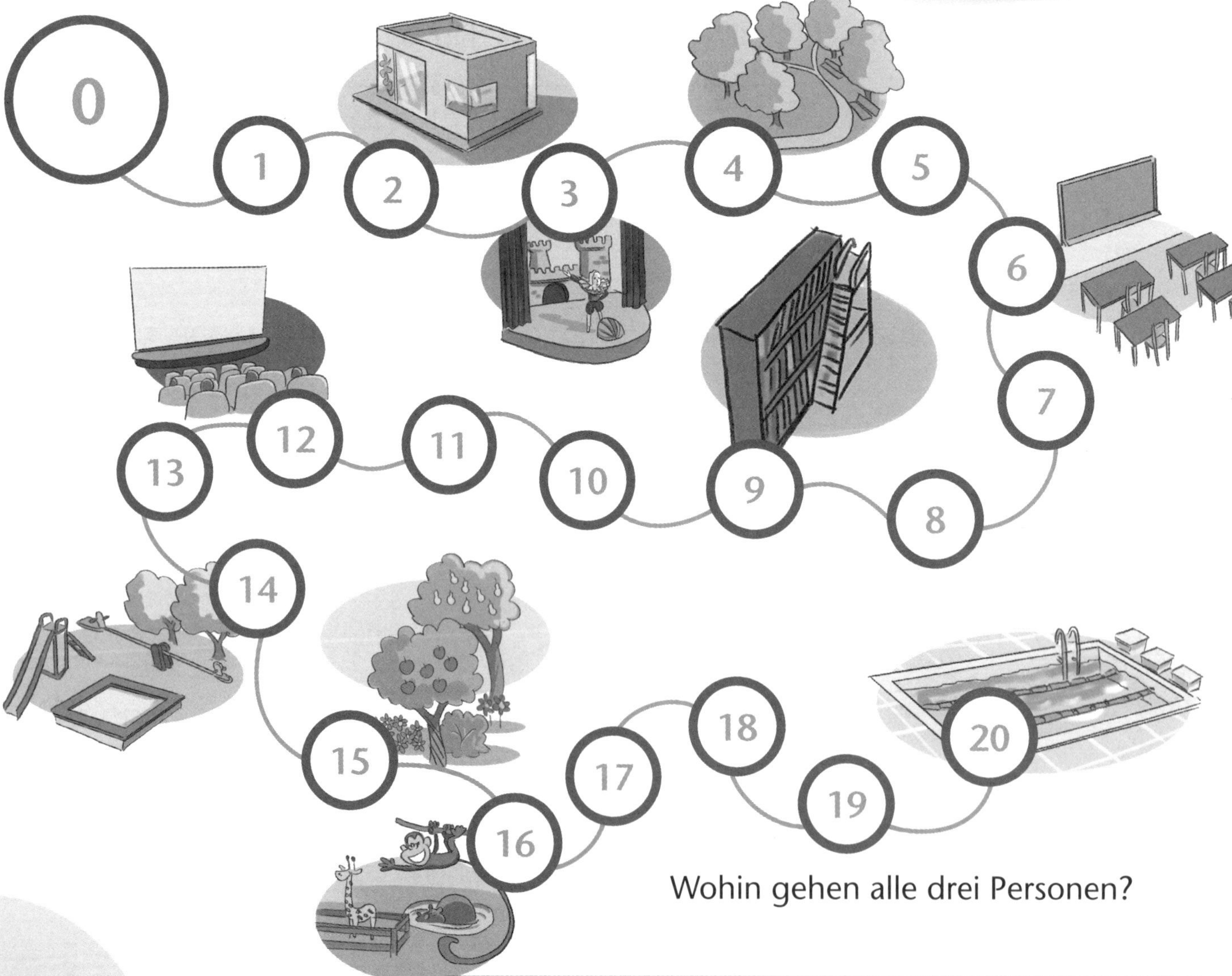

Wohin gehen alle drei Personen?

Sie gehen

7 Wohin gehen die Personen (nicht) gern? Ergänze die Sätze.

:h gehe ________________ in die Schule.

Ich gehe ________________ nach Hause.

Ich gehe ________________ auf den Spielplatz.

Ich gehe ________________ ins Theater.

8 Welche Sätze sind richtig? Markiere sie.

Ich möchte Fußball spielen.
a. Ich gehe ins Kino. b. Ich gehe auf den Spielplatz.

Ich mag Tiere.
a. Ich gehe in den Zoo. b. Ich gehe in die Schule.

Ich möchte lesen.
a. Ich gehe ins Theater. b. Ich gehe in die Bibliothek.

Ich schwimme gern.
a. Ich gehe ins Schwimmbad. b. Ich gehe zu Oma.

9 Laura erzählt. Markiere Lauras Weg auf dem Stadtplan.

1. Zuerst gehe ich in die Schule.
2. Dann gehe ich in die Bibliothek.
3. Und dann gehe ich in den Park. Hier sind Tim und Paula. Wir spielen zusammen.
4. Dann gehen wir zusammen ins Schwimmbad. Toll! Prima.
5. Und dann gehen wir ins Kino.
6. O, es ist spät. Tschüss, Tim. Tschüss, Paula, ich gehe nach Hause.

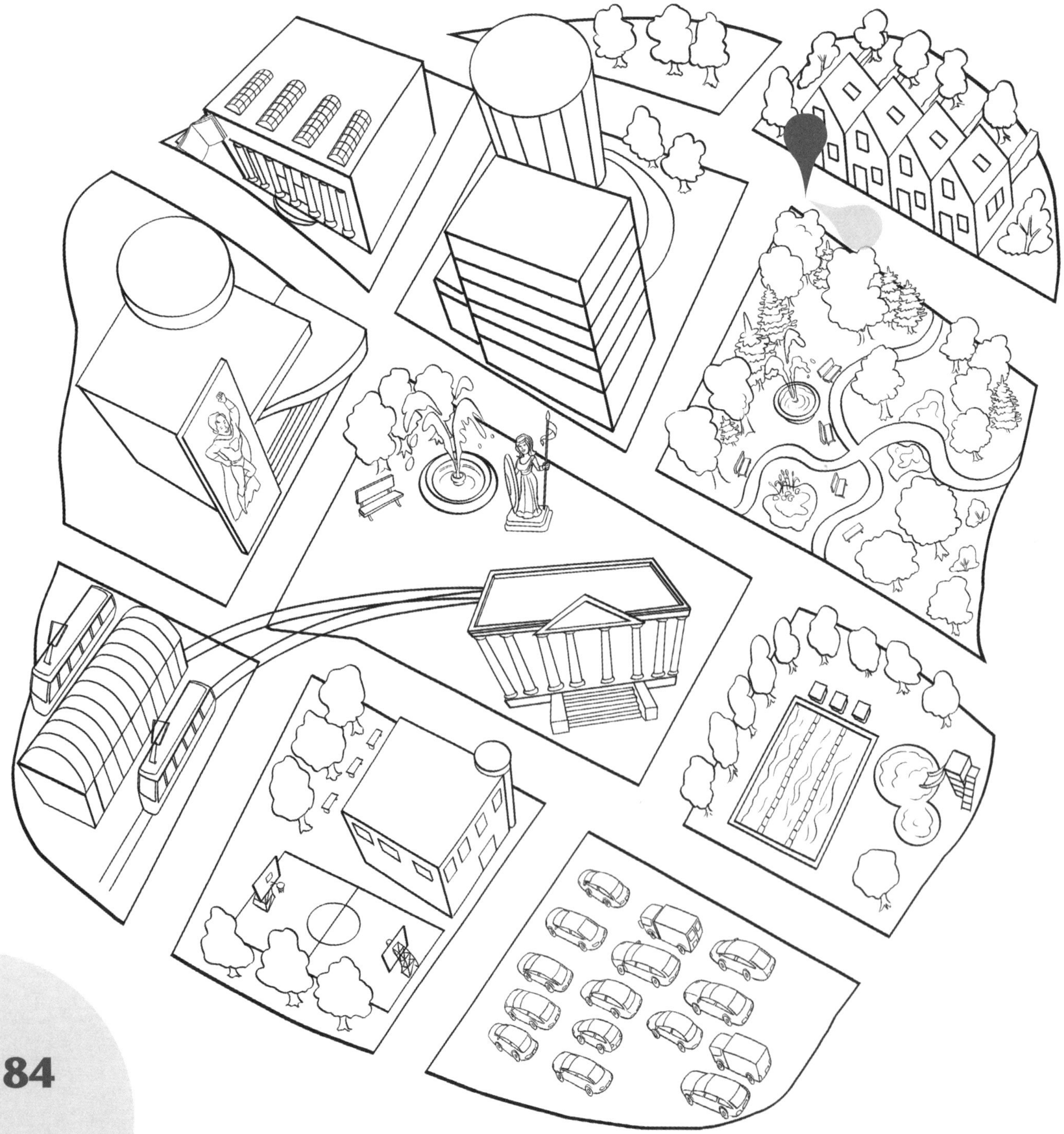

10 Hör das Interview. Wer geht wohin? Verbinde.

Monika Tim Sabine Oliver

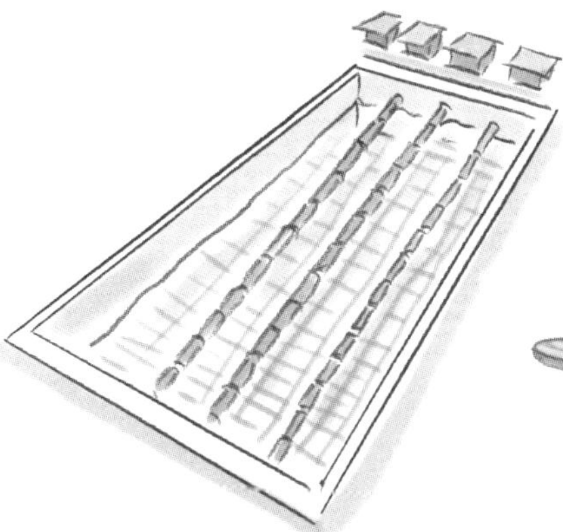

Hör noch einmal. Warum geht Oliver so gern zu seiner Oma?

11 Hör zu und nummeriere die Bilder.

Wohin können die Kinder noch gehen? Male und singe.

in den Zirkus • in den Garten • ins Theater

Wir gehen __________
Hey! Sag mal, kommst du mit?
Ja? Prima! Spitze! Klasse!
Dann gehen wir zu dritt.

Schwarz und Weiß in der Sonne

Für dieses Experiment brauchst du:
zwei Thermometer, schwarze und weiße Pappe.

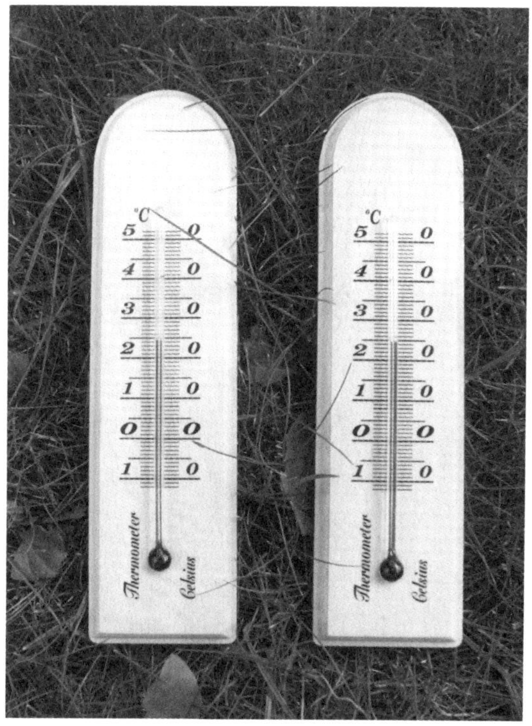

1 *Leg die zwei Thermometer an einen sonnigen Platz.*

2 *Bedecke den unteren Teil eines Thermometers mit weißer Pappe und den unteren Teil des zweiten Thermometers mit schwarzer Pappe.*

3 *Warte, bis sich die Temperaturanzeige nicht mehr ändert.*

4 *Wie hoch ist die Temperatur? Vergleiche die beiden Thermometer.*

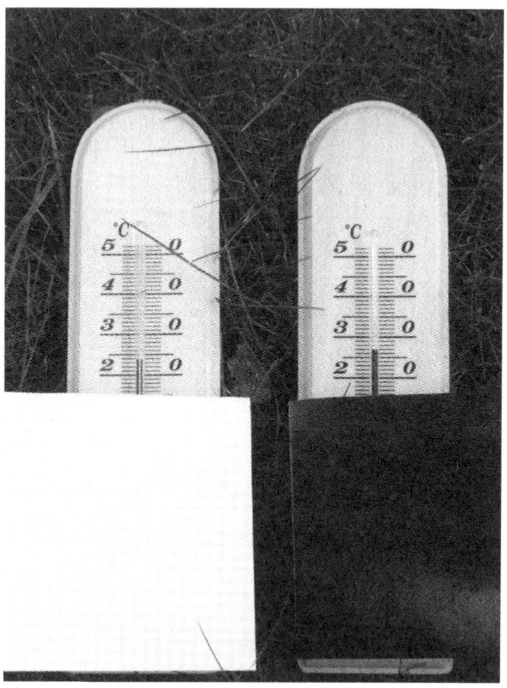

Folgendes kleine Gedicht wird dich an dieses Naturgesetz von nun an erinnern:

Es ist warm, es ist warm,
Wir ziehen weiße Sachen an.
Dann wird es kalt, dann wird es kalt,
Und schwarze Jacken braucht man bald.

Hoffentlich wirst du in den Ferien oft die Gelegenheit haben, weiße Anziehsachen zu tragen!

Schöne Sommerferien!

Das kann ich!

1

2

3

4

5

6

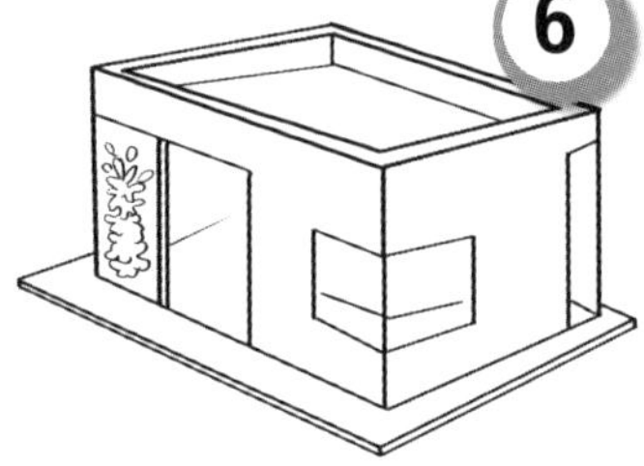

7

8

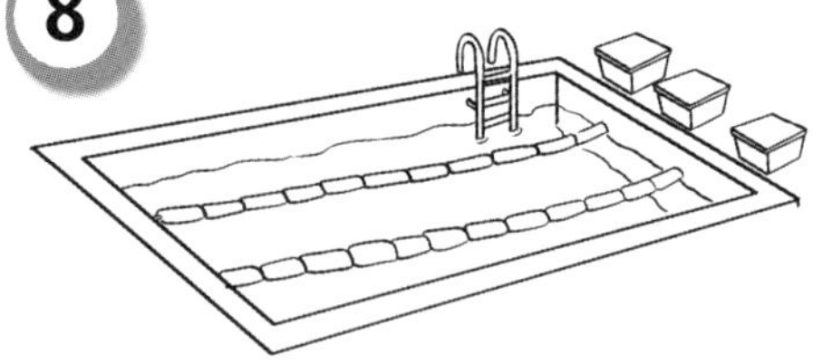

9

10

Prima!

Sehr gut!

So lala!

Schlecht!

Seite 9, Aufgabe 2

Seite 18, Aufgabe 1

FUSSBALL

KARTEN

GITARRE

KLAVIER

COMPUTER

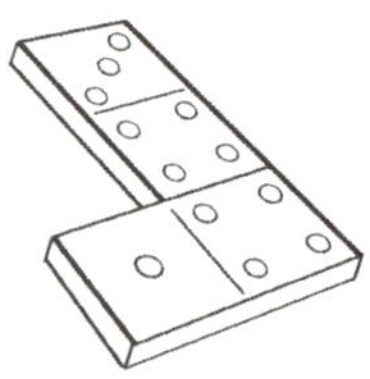

Seite 20, Aufgabe 5

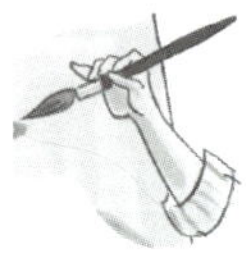

Seite 28, Aufgabe 1

die Uhr

der Fußball

Seite 33, 34, Aufgabe 10

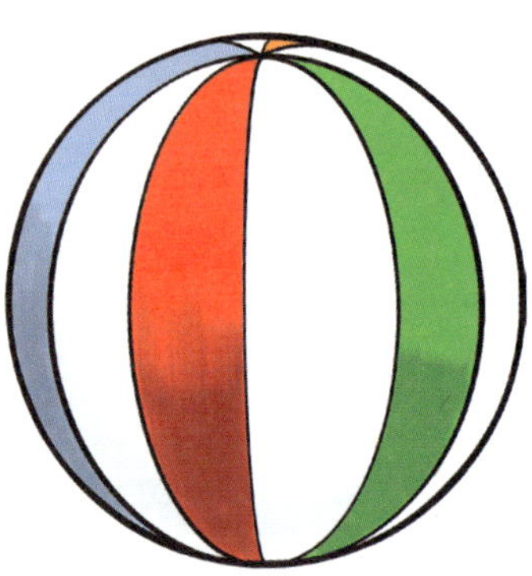

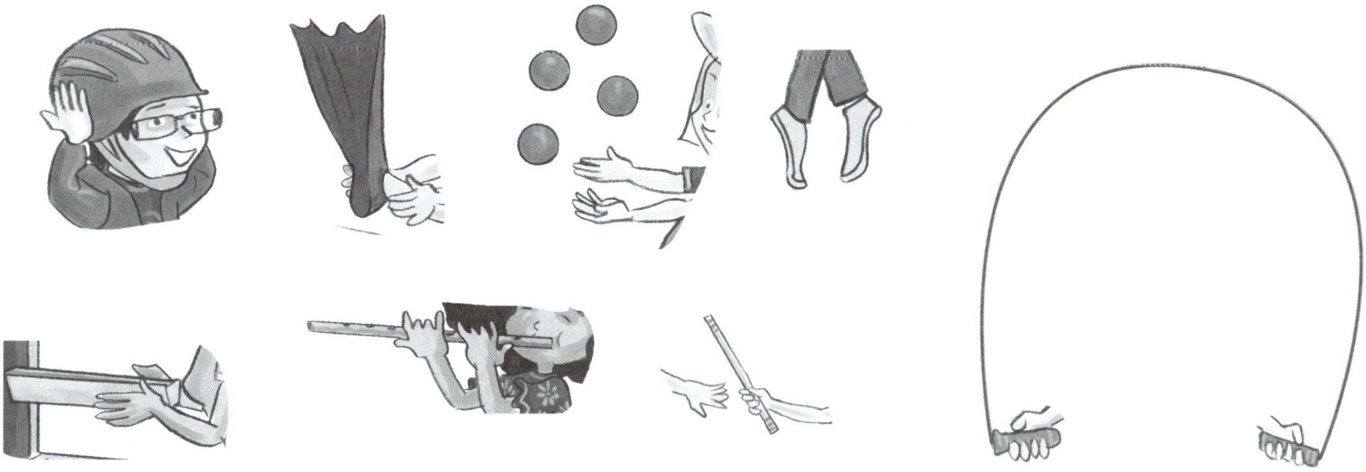

Seite 38, Aufgabe 1

Seite 42, Aufgabe 6

Ich kann nicht Seil springen.	Ich kann schwimmen.	Ich kann Seil springen.	Ich kann nicht schwimmen.
Ich kann nicht skaten.	Ich kann schnell laufen.	Ich kann skaten.	Ich kann nicht schnell laufen.

Seite 48, Aufgabe 2

Montag	Dienstag	Mittwoch
Donnerstag	Freitag	Samstag
Sonntag		

Seite 58, Aufgabe 2

Seite 73, Aufgabe 8